Gerhard Göttler

Gereimtes buntes Leben

Gott ist im Anfang,

Gott ist im Ende,

Gott ist Liebe!

Gott ist die, nicht zu entschlüsselnde,

Unbegreiflichkeit des Seins!

Herstellung und Verlag:
BoD - Books on Demand, Norderstedt
ISBN 978-3-8370-9248-6

Gereimtes, buntes Leben!

Eine Gedichtsammlung

von

Gerhard Göttler

Fotos:

Gerhard Göttler

Ted Hertle

Inhaltsverzeichnis:

Gestrandet

Gestrandet

Breit geöffnet, mit schaumigem Maul,

wogt die Brandung mir entgegen.

Des späten Tages Sonnenröte

ergießt sich über die wogende See.

Die Kutter, beladen mir quirliger Fracht

streben ächzend dem Hafen zu.

Die Seele, benetzt mit der salzigen Brise,

mit ihrem Sehnen, nach Dir, sich verzehrt.

2

Befreit

Befreit

Es tropft der Winter von den Bäumen,

den Frühling birgt der Tropfen Klang.

Ich fange plötzlich an zu träumen

und fühl des Maiens Lustgesang.

Vom Druck der Düsternis befreit,

hebt sich die Brust im Glücksgefühl.

Vergessen ist des Winters Leid,

die Sehnsucht macht mich trunken, still!

Verliebt

Verliebt

Der rosa rote Traum

die Menschen nie verlässt!

Bewahrt, erfüllt ihn euch,

geb' Gott, dass ihr das nie vergesst.

Macht euch einander zu Geliebten,

erschließt euch ohne Vorbehalt;

dann seid ihr ein Leben lang

im siebten Himmel der

Glückseligkeit!

4

Vergänglich

Vergänglich

Wie Wolken am Himmel, die unentwegt zieh'n,

so gehen auch die Jahre des Lebens dahin.

Mal drohend schwarz, wie Gebirge so hoch,

dann federleicht weiß, wie des Glückes Sog.

Genieß auch im Leben die Wechsel mein Kind,

weil alle Jahre die kostbarsten sind!

5

Ewiger Mai

Ewiger Mai

Vergänglich ist die Maienzeit,

es liegt an uns wie lang sie dauert.

Sie verklärt die Sommerzeit,

strahlt durch den Herbst, wärmt,

wenn schon der Winter lauert.

Die Sehnsucht gilt es zu bewahren, sie

festzuhalten wenn's auch schmerzt,

dann sind des Winters Frostgefahren

auf ewige Zeiten ausgemerzt.

6

Liebesbanner

Liebesbanner

Aus den Wimpeln der Liebe,

die wir beide getauscht,

erwuchs eine Fahne,

deren Glanz uns berauscht.

Mit Fäden der Sehnsucht

haben wir sie bestickt,

sie gemeinsam zu tragen,

uns noch immer beglückt.

Welche Wege wir beide

auch immer gehen,

möge sie doch ewig

voran uns wehen!

7

Wonnemond

Wonnemond

Dir sei noch oft ein Mai beschieden
Auf dieser wunderschönen Welt.
Bleib gesund und stets zufrieden
Das Beste kriegt man nicht für Geld!

Der Mai ist's, der uns stets erneuert
Uns spüren lässt, dass wir noch sind;
Wenn man auch ins Alter steuert,
Er bewahrt in uns das Kind.

Solange du die Schmetterlinge
Des Mais in Dir noch fühlen kannst,
Du noch voller Sehnsuchtsträume,
Glücklich durch das Leben tanzt.

Vom Maienduft lass Dich berauschen,
Öffne für ihn dein Herz ganz weit;
Dem Maiengesang der Vöglein lauschen,
Das ist's was stets dein Herz befreit!

Drum lass erblüh'n in Dir die Blumen
Die nur der Mai Dir blühen kann
Gewinn für Dich daraus den Nektar
Erfreue und ergötz Dich dran!

8

Kostbare Zeit

Kostbare Zeit

Im Mai des Lebens wenn Du bist,

des Lenzes Unruh Dich erfasst.

Du verliebst Dich, wirst geküsst,

fühlst, was Du gefühlt nie hast.

Der Kopf Dir voller Pläne steckt,

stets werden Neue ausgeheckt.

Die ersten Hürden sind genommen,

noch Andere werden sicher kommen.

Der Lenz mit seinem süßen Saft,

verleiht Dir ungeahnte Kraft,

er macht Dich stark, er gibt Dir Mut,

kurzum, er macht Dein Leben gut.

Den Lenz den gilt es zu bewahren,

auch wenn man in die Jahre kommt,

sein Schein glänzt noch nach vielen Jahren,

in ihm man sich wohl ewig sonnt.

9

Willkommen im Jetzt

Willkommen im Jetzt

Ein Licht ist in mir angegangen,

Ich spür den seltsam warmen Schein

Ich fühle Sterne in mir prangen,

Sie leuchten in mir hell und rein.

Es nisten Stille, Glück und Frieden,

In meiner Seele sich wundersam ein,

Ich nehme Abschied vom Pläne schmieden,

Genieße mit wohligem Schaudern das Sein!

Gerade angekommen

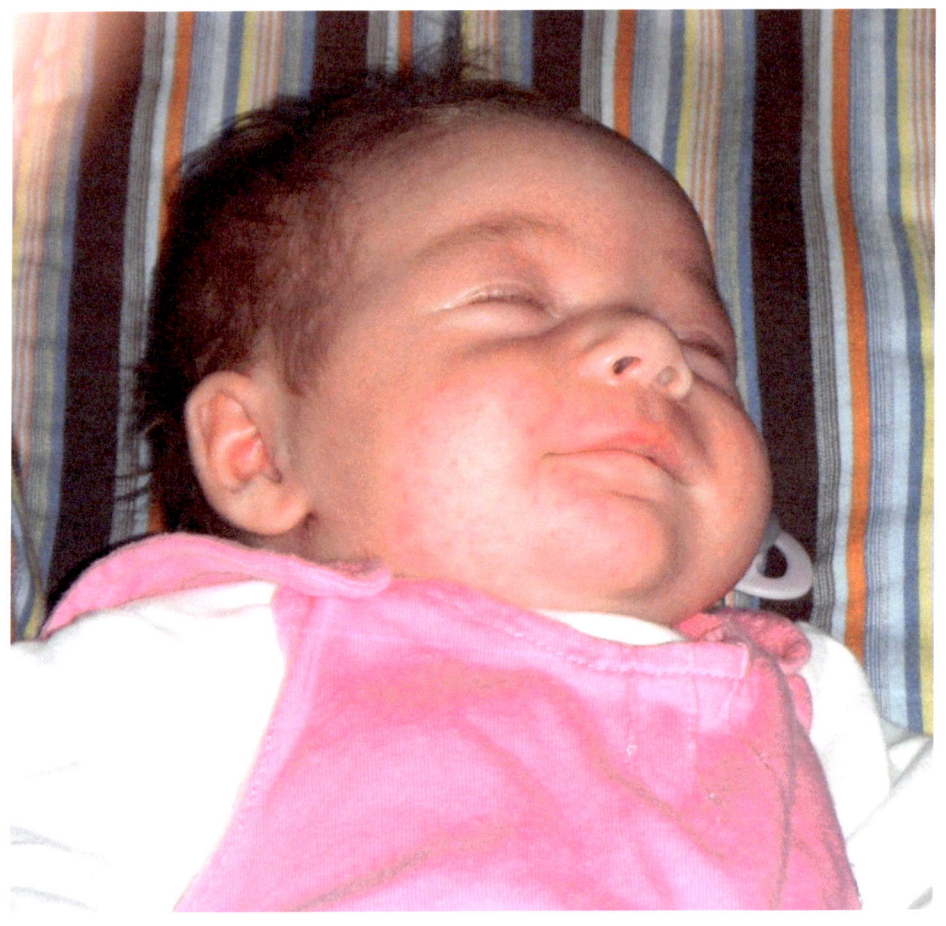

Gerade angekommen

Willkommen, willkommen,
Du kleines Erdenbürgerlein.
Du bist wohlbehütet
und aller Sonnenschein.

Vater und Mutter
werden alles für Dich tun,
sie werden Dich bewachen,
selig wirst du ruh'n.

Sie sorgen für dein Sattsein,
sie sorgen für dein Glück,
alleine durch dein Dasein
gibst ihnen reichlich du zurück.

Auch deine Stunden eilen,
die Zeit, sie bleibt nicht steh'n,
die Jahre nicht verweilen,
was sie bringen werden wir seh'n.

Süße Siebzehn

Süße Siebzehn

Siebzehn Jahre bist du alt,

Und kommst aus der Schule bald.

Ein neuer Anfang nun beginnt,

Du wirst zur Frau, verlässt das Kind.

Solang man was beginnen kann,

Treibt uns das Leben noch voran.

Scheu dich nie vor neuen Dingen,

Sie sind es, die dich weiter bringen.

Freue dich auf alles Neue,

Auch Misserfolge nie bereuc,

Sie lassen dich erst richtig reifen,

Helfen, das Leben zu begreifen.

Mit Mut, Zuversicht und Vertrauen,

Wirst du die Zukunft dir erbauen.

Ratschläge der Eltern schlag nicht in den Wind,

Sie wünschen immer das Beste ihrem Kind!

Das Lebensschiff

Das Lebensschiff

Behalte den Glauben, den man Dir gegeben,

er sei Wind Dir und Anker in Deinem Leben.

Jedoch vertraue ihm nicht blind,

Du wirst erwachsen, bleibst nicht naiv wie ein Kind.

Dein Lebensschiff steure mit eigner Hand,

umschiffe die Klippen, setz es nicht auf Sand.

Der Wind soll stets voran Dich bringen,

die Ankerkette, fröhlich klingen.

Kehre immer zurück in den sicheren Hafen,

dann wird Dich das Leben auch niemals bestrafen.

Pflege Deinen Kulturkreis wo immer Du bist,

behalte den Glauben, bleib immer ein Christ.

Traumbild

Traumbild

Weshalb rast mein Puls, warum pocht mein Herz?

Wieso pendelt mein Herz zwischen Glück und Schmerz?

Ich könnte lachen und weinen zugleich,

Das Hin und Her macht arm mich und reich.

Das Bild von Dir, das in mir entstanden,

Ich klammere mich dran,

dass mir's nicht kommt abhanden.

Ich hab es geformt nur nach meinem Ideal,

Gott erhalt mir mein Glück, erspar mir die Qual.

Mach wahr es bitte so, wie ich's erträumt,

Wenn es nicht zutrifft, hab ich's Leben versäumt!

Verfallen

Verfallen

Ich hab Deinen Mund geküsst und geleckt,

Nichts fällt mir ein, was nicht süß an Dir schmeckt.

Meine Finger sie tasten an Dir sich empor,

Dich zu erfahren weckt in mir der Engel Chor.

Und stimmst Du mit ein dann im höchsten Glück,

Hab ich nur einen Wunsch:

„Bitte nie mehr zurück!"

Weiter so!

Weiter so!

Ein neues Jahr hat schon begonnen,

ist es mir diesmal wohl gesonnen?

Die Skepsis will ich schnell verdrängen,

Kopf hoch mein Freund, lass ihn nicht hängen!

Das Leben ist doch wunderschön,

Die Augen auf, die Welt beseh'n.

Nimm auf den Mai, der wiederkehrt,

Lass zu dass er Dich reich beschert.

Ergreif die Liebe, gib sie weiter,

Durch sie nur ist das Leben heiter.

Drum pflege sie stets mit Bedacht,

Sie hat dich auf die Welt gebracht.

Der Weise

Der Weise

Der wahre Weise ist so weise,

dass man es ihm nicht anmerkt.

Er lächelt still, er lächelt leise,

das Leise war's das ihn gestärkt.

Der Weise wird nie stumm und träge,

stets offen ist sein großes Herz,

ob laut ob still, sein Geist bleibt rege,

er nimmt tcil an Freud und Schmerz.

Des Lebens Höhen und auch Tiefen

sind Nahrung für sein Seelenheil,

die guten Geister warns die riefen:

„Der Weise hat nie Langeweil'!"

Kriegsgeschenk

Kriegsgeschenk

Wild, verwegen, schwenkt der Dragoner den Degen.

Er wollt ihr nichts zu Leide und steckt ihn in die Scheide.

Sie wollte sich wehren, der Schmerz war groß,

Doch dann erlag sie ihrem flammenden Schoß.

Sie fing an zu stöhnen und wimmern vor Lust.

Und bot ihm zum Küssen die schwellende Brust.

Sie dachte nicht, dass ein Kind könnt entsteh'n.

Es wurde ihr bewusst erst, als sie lag in den Weh'n.

Da war der Dragoner schon längst aus dem Ort,

Das Kindlein, das arme, es landete im Hort.

Ach, Krähe!

Ach, Krähe!

Ach Krähe, warum spreizt Du die Flügel so weit,

verkündest Du damit ein neues Leid?

Schwing Dich hinweg, Du Vogel der Angst,

Du bist nicht fähig, dass Du um mich bangst.

Höhnisch mutet Dein Schatten mich an,

ich hoffe, dass ich entfliehen ihm kann.

Ich hoff, dass mein Fliehen Dir unbemerkt bleibt,

damit ich behalt meine herrlich, irdische Seligkeit.

Weshalb lässt Du auf meiner Schulter Dich nieder,

krächzt hässlich hinein in meine lustigen Lieder?

Dein Krächzen geht mir durch Mark und Bein,

Du weißt, irgendwann wirst der Sieger Du sein!

Oh, Muse!

Oh, Muse!

Muse, küss mich bitte, ich flehe Dich an,

weil ich ohne Dich nicht klar denken kann.

Wenn Du mich besuchst, bin ich beglückt,

Dein holdes Dasein mich ewig entzückt.

Die Leichtigkeit mit der Du mir begegnest,

gibt das Gefühl mir, als ob Du mich segnest.

Dein Fortsein erfüllt mich mit Schmerzen,

ich trage dann Trauer in meinem Herzen.

Wenn zaghaft Du anklopfst an meine Tür,

lass ich Dich ein und hoff, Du bleibst hier.

Kehr immer zurück zu mir armen Poeten,

es ist herrlich mit Dir, lautlos zu reden!

Weihnachtszeit

Weihnachtszeit

Oh viel gepriesene Weihnachtszeit,

mach Dich in meinem Herzen breit.

Mit freudigem Sehnen bin ich erfüllt,

weiß, meine Erwartung, sie wird gestillt.

In mir weitet sich mein Firmament,

in jedem Winkel ein Kerzlein brennt.

Fühl mich, als Kindlein der Krippe nah,

empfinde fröhlich, was einst geschah.

Der Duft des Heus, mit Weihrauch gemischt,

mich tief drin im Herzen, wundersam erfrischt.

Prachtvoll verkündet der himmlische Wind,

dass alle Lebewesen „Jesuskinder" sind.

Toller Hecht!

Toller Hecht!

Er wird nicht müde sein Gefieder zu spreizen,
tut seine Umgebung mit Selbstlob aufheizen.

Wie sehr geachtet, begehrt er früher mal war,
macht er jedem der es hören will, ungerührt klar.

Er hat sicher eine Schallplatte im Bauch,
was er ständig verkündet, ist Schall und Rauch.

Das spöttische Grinsen ringsum stört ihn nicht,
er kommt sich sehr groß vor, der arme Wicht.

Er ist so geworden durch das Mitleid der Frauen,
die sich scheuen, solchen Typen auf die Klappe zu hauen.
Auch heute noch baggert er was das Zeug hält,
immer noch denkt er, dass es den Frauen gefällt.

Er bleibt wohl ewig auf diesem Pfad,
schlägt stolz weiter sein Pfauenrad.

Die Blicke der Anderen deutet er schlecht,
er ist halt im Glauben, er sei ein toller Hecht.

Volljährig!

Volljährig!

Achtzehn Jahre sind erreicht,

das Leben kann beginnen.

Das Glück sei ewig Dir geneigt,

es möge nie verrinnen!

Ein junger Mensch braucht keinen Rat.

Er hat stets seinen Mut parat.

Das Leben hängt nicht vom Zufall ab,

Du kannst es selber lenken,

damit's nach Deinem Sinn verläuft,

benütz den Kopf zum Denken!

Tier & Mensch

Tier & Mensch

Achte ein Tier, sei es noch so klein,

Denn jedes passt in die Welt hinein.

Das Leben auf Erden mit den Tieren begann,

Spät nach den Tieren kam der Mensch erst dran.

Wenn er lange genug an der Erde gerüttelt,

Wird er von ihr wieder abgeschüttelt.

Sie kann sich dann endlich vom Menschen erholen

Und holt sich zurück was er ihr hat gestohlen.

Der Müßiggänger

Der Müßiggänger

Willkommen im Kreise der Müßiggänger,

die stets nur tun wozu sie Lust.

Der Zwang, die Fron, bedrückt nicht länger,

ganz frei davon ist nun die Brust.

Nun hat er's endlich doch geschafft,

kann in Gelassenheit sich üben,

die Zeit ist nicht mehr so gerafft,

braucht sich vor niemand mehr verbiegen.

Nimmt sich als Beispiel nur den Clown,

voll Sonnenschein ist sein Gemüt,

vergnügt kann er die Welt beschau'n:

„Fühl' es ihm nach, sei neu erblüht!"

Nomen est Omen

Nomen est Omen

Einen Namen zu finden ist heute sehr schwer,

man ist ja schließlich nicht irgendwer!

Denn Otto, Georg oder gar Hans,

hieß doch bis jetzt schon fast jeder Schwanz.

Oder Gerhard, Wilhelm, Manfred und Peter,

nannte sich doch auch schon jeder.

Nein, Boris, Yannick, Marcel muss es sein

Nur das passt in die heutige Zeit wohl hinein.

Im Zeichen des Euro scheint das vonnöten;

der Nachwuchs soll später nicht schamhaft erröten,

wenn ihm mal eine Natascha oder Nicole begegnet,

ist ihrer er würdig, als Yannick

getauft und gesegnet.

Geschenke

Geschenke

Dies zeichnet unser Wohlstandsdenken im ganz besonderen Maße aus:

Wenn wir nur an Geschenke denken, befällt uns alle gleich der Graus!

Wir grübeln: "Trinkt er, tut er rauchen?"

Kurz, was kann dieser Mensch gebrauchen?

Das Schenken wird ne richtige Hatz, wer schenkt schon gerne für die Katz?

Erfreut sehn' wir, ein Hobby hat er, doch was er braucht ist uns zu teuer.

Geld zu schenken ist verpönt, als phantasielos wirst Du gleich verhöhnt.

Man möchte sagen: „Tut mir leid, ich bin nicht da, zu dieser Zeit."

Jedoch das kannst Du doch nicht machen,

weil alle Dich durchschaun und lachen.

Du kannst es drehen oder wenden, es wird sicher wieder damit enden,

dass Du versöhnt bist mit der Welt, wenn jemand sagt, er möchte Geld!

Du atmest auf, freust Dich aufs Fest; denn nur ein Klacks ist nun der Rest.

Das Denken ist Dir abgenommen und es wird jeder das bekommen

Wonach es eben ihn verlangt und sich ganz herzlich auch bedankt.

80 Jahre, na und?

80 Jahre, na und?

– da gibt es zum Staunen doch gar keinen Grund!

Bin immer noch fröhlich und leidlich gesund,
Und spitze zum Pfeifen noch manchmal den Mund!

Es zählen nicht Jahre, es zählt jede Stund',
was schert mich die Linie, was schert mich ein Pfund,

was soll ich denn darben, wie ein hungriger Hund,
gutes Essen, ein Schnäpschen, macht das Leben erst bunt,

schließlich kann ich mir's leisten,
dass mein Bäuchlein ist rund!

Jetzt mach ich ein Ende und wünsch Euch viel Glück,
Und von jedem Braten immer das beste Stück!

28

Kurgedanken

Kurgedanken

Geschundener Rücken, krachende Knie,
es knirscht im Gebälk, oh fragt mich nicht wie.
Bewegungsbad, Krafttraining und Gruppentherapien,
nach kaum einer Woche fühlt man sich hin.

Solang man sich aber dem Trübsinn nicht ergibt
Frohgemut weiter in die Zukunft blickt,
werden die heilenden Kräfte sich rühren
und dich bald wieder der Genesung zuführen.

Fühlst Du Dich dann wieder etwas gesund,
der Rücken gerader, nicht mehr so rund,
die Muskeln straffer und nicht mehr so schlaff,
kannst Du wieder turnen wie früher als Aff'.

Dein Lachen wird wieder freier und froh,
den Mädchen guckst Du wieder mehr auf den Po,
fühlst Dich wieder jünger, bist nicht mehr so kalt,
Du denkst 60 Jahre, das ist doch nicht alt.

Doch machten die Jahre Dich nicht etwas weise,
Du bist schließlich jetzt auf dem Wege zum Greise,
befolgst Du die Erkenntnisse des Kuraufenthalts nicht,
dann bist Du bald wieder ein kranker Wicht.

29

Der Genießer

Der Genießer

„Ein Klistier lob ich mir!“

„Willst's mit Wasser oder Bier?“

„Könnt's nicht vielleicht ein Weinder'l sei? Ich glaub' das läuft viel besser nei!“

„Denkst Du, dass Dou mehr verdrocherst?

Naja, Du tätst net lall'n wenn Du was sochersd!“

„Des eine lieber Freund ist gewiß:

Dou hintn hab ich kein Gebiß

Und auch die Zunge ist im Mund,

zum rülpsen gäbs also kann Grund!“

„Die Frag ist, wo bleibt der Genuß? Des Quaggern im Darm schafft doch Verdruß!“

„Ich denk mir halt, bei der Geschicht'

Vertrag ich mehr, lohnt sich das nicht?

Auch müsst's vom Wein nicht der beste sein,

ein billiger läuft genau so rein

und bei der Verkehrskontroll'

könnt ich beruhigt blosn.“

„Ja, und wennst zuviel bläst, geht's Dir in'd Hos'n!“

30

Hochzeitskutsche

Hochzeitskutsche

Eine weiße Hochzeitskutsche,

gezogen von einem Schimmelgespann,

so fing vor fünfzig Jahren

die Fahrt ins gemeinsame Leben an.

Mit wachsendem Wohlstand,

ohne Rast ohne Ruh,

nahm die Anzahl der Pferde

dann ständig zu.

Um den Weg des Lebens

gefahrlos zurückzulegen,

müsst Ihr die Pferde

mit Ruhe, besonnen, bewegen.

Auf dass die Kutsche,

von Rappen gezogen,

um Euch macht noch lang

einen großen Bogen!

31

Gedanken eines alten Sackes

Gedanken eines alten Sackes

Die alten Schachteln sind fein heraus
Und auch die alten Säcke
Über ihre Leber läuft kaum ne Laus,
Sie fühlen sich wohl in der Altersecke.

Sie können jeden Blödsinn sagen,
Keiner wird ihn mehr hinterfragen;
Mitleidsvoll, ironisch, ein Junger sagt:
„Nun ja, die sind halt schon betagt!"

Zu ihren Gefühlen können sie steh'n,
Müssen vor keinem sich mehr verdreh'n.
Bei Bedarf sind sie taub oder auch blind,
Junge denken ja, dass sie meschugge sind!

Wer solch Verständnis hat erreicht,
Dem isl das Leben schön und leicht.
Er muss sich keinem mehr beweisen,
Kann ungeniert auf alles – pfeifen!

Er braucht nicht schimpfen oder hassen,
Freut sich dass er in Ruh gelassen
So kann das Leben weiter gehen,
Nur noch Gesundheit sie erflehen.
Alsdann machen sie weiter so,
Dem es nicht passt, zeigen sie ihren Po!

32

Die Platzreife

Die Platzreife

Der eine sei des Andern Caddie,

er trag` ihm seine Eisen nach.

Damit er dann zum Wohle beider,

stets führen kann den besten Schlag.

Der Abschlag sollte im Grünen landen

Und nie im Rough oder gar versanden.

Im Bunker blieb schon mancher stecken,

kam nicht heraus, nicht ums Verrecken.

Das Ziel, nicht nur, des Golfspiels ist doch

Zu putten stets in jedem Loch.

Das ist bei jedermann beliebt,

drum wird ein Leben lang geübt.

Beim PUTTEN kürzeste Distance

Und dabei weiterhin viel Spaß!

33

Der Mähnenbändiger

Der Mähnenbändiger

Meine Frau sagt stets: „Gib nur acht,
was der Bader mit Deiner Rübe macht;
denn wenn der mal am Schneiden ist,
dein Mondgesicht er schnell vergisst!"

Wenn elegant die Scher er schwingt,
die Haarespracht rauschend hernieder sinkt.
Seine Söhne hat er auch schon abgerichtet,
oft wird mir von jenen das Haar gelichtet.

Die tanzen um mich rum, ganz nach Vaters Stil
Und fragen, ist's so richtig oder ist's zu viel?
Ihre Hand wird fahrig, ihr Blick ist bang,
verzweifelt fragen sie: „Ist's doch nicht zu lang?"

Und dem zu entgeh'n, hab ein Toupet ich gekauft.
Die Bader haben fast sich die Haare gerauft
Doch jetzt können sie werkeln nach Herzenslust,
denn vermieden wird fortan der ganze Frust.

Keiner von uns ab jetzt mehr stöhnt,
an die Situation haben sich alle gewöhnt;
denn egal, was rauskommt, wir sind frohgemut,
wir haben doch jetzt ein Toupet als Hut!

34

Runderneuert

Der Weiblichkeit hinterher zu hinken
tat ihm schon lang gewaltig stinken.
Er erntete nur Spott und Hohn,
denn immer lief sie ihm davon.

Früher er flott das Tanzbein schwang,
zuletzt, beim Walzer, ward's ihm bang.
Drum ging er einfach zum Chirurgen,
er wollt nicht länger mehr rumgurken.

Er sagt zu ihm: „Mein lieber Schwager,
jetzt greif mal ins Ersatzteillager,
ich hatsch nicht mehr, bin nicht verrückt,
die Lager sind doch gut bestückt.

Mit meiner Hüfte hab ich's satt,
auch mein Knie setzt mich schachmatt.
Nun fräs und bohr und düble schnell,
bring fix in Ordnung mein Gestell!

Er merkte auch, dass seine Augen
zu klarer Durchsicht nicht mehr taugen.
Es viel ihm schwer die schönen Frauen
auf seine Weise zu beschauen.

Der Arzt verpasst ihm neue Linsen,
jetzt kann er wieder fröhlich grinsen.
Er operierte ihn mit viel Geschick,
gab ihm die bunte Welt zurück.

Auch der Zustand seiner Zähne
kostete ihn manche Träne.
Denn sie waren schwarz und schief,
sein Atem zudem der reinste Mief.

Zum Küssen lud sein Mund nicht ein,
mit seiner Sehnsucht blieb er oft allein.
Der Zahnarzt sagte, es würde sich lohnen
die miesen Beißer zu Überkronen.

Heut ist er glücklich restauriert
und dass ein jeder es kapiert:
Er, der alte Schwerenöter,
flirtet wieder wie ein Blöder!

35

Brautschau

Brautschau

Schweiget mir vom Weibernehmen, es ist lauter Ungemach.

Geld ausgeben, wiegen, grämen, einmal „juch" und dreimal „ach".

Ist sie jung so will sie fechten, ist sie alt so ist's die Not,

ist sie reich, so will sie rechten, ist sie arm, wer schaffet Brot?

Darum Männer seid behutsam, wenn ihr's wagt zum Weib zu geh'n,

denn es wäre sicher ratsam jeden Winkel einzuseh'n.

Achtet, dass sie weich und lieblich, ihr Verstand doch nicht zu hell.

Ihre Zunge nicht allzu spitz, doch gepaart mit reichlich Witz!

Also Männer überlegt, bevor ihr Euch zu binden wagt,

ob sie Euch noch erregt, wenn sie ergraut und schon betagt.

Schmiegsam, biegsam mit einem Goldschatz unterm Bett,

ja so möchten wir sie haben, wär' das schön, wenn man sie hätt!

Lebensmitte

Lebensmitte

Mit 50 das ist wohl unbestritten,

hat man die Lebensmitte überschritten.

Sehr viel hat man bereits erfahren,

es fällt einem leicht Ruhe zu bewahren.

Kann man auf Konventionen pfeifen,

wird man mit 50 noch viel erreichen.

Doch jetzt pass auf, mein liebes Kind,

die Zeit wird kostbar, sie verrinnt.

Lass Dich nicht planen, plane selbst,

wenn Du damit auch nicht jedem gefällst.

Gib Deiner Handlungsfreiheit Raum,

dann hast das Glück du selbst im Zaum!

37

Wunderkinder

Wunderkinder

Jedes Kind ist wohl ein Wunder
Und weckt stets Begeisterung.
Doch leider kommt es vor mitunter,
dass Eltern dann im Überschwung,
der eitlen Einbildung verfallen,
ihr Nachwuchs wäre ein Genie.

Sobald ein Pieps nach etwas klingt, sagen die Eltern: „Sakrament,
hört wie schön der Junge singt, der kriegt sofort ein Instrument."

Wenn zwei Töne er behält
wird er als bühnenreif empfunden
und alsbald dann vorgestellt,
stoisch das Publikum geschunden.
Man setzt ihm ins Ohr den Floh:
„Nimm teil an einer Castingshow!"

„Ohne Fleiß und Schweiß, gibt es keinen Preis." -
so hat man früher noch gedacht.
Wenn jemand das heut sagt, ganz leis',
dann wird er lauthals ausgelacht.
Denn Beweise gibt's in allen Landen,
die Welt wird beherrscht von Dilettanten!

38

Verwurzelt

Verwurzelt

Vergesst nicht wem ihr Euer Dasein verdankt.

Wer Euch gezeugt, sich gesorgt wenn ihr erkrankt.

Wer Euch ein Zuhause hat gegeben.

Wer sich gekümmert um Euer Leben.

Selbst wenn Ihr Euch ein Nest gebaut

und nennt es Euer Eigen,

Werden sie nicht müde,

ihre Fürsorge Euch zu zeigen.

Vertraut der Hand, die Euch gestreichelt hat,

Pflegt, erhaltet sie, damit sie niemals werde matt.

Bringt ihnen Euer Verständnis entgegen,

Empfangt dankend den stets vorhandenen Segen.

Auch Eure Kinder werden groß,

Verlassen Eueren schützenden Schoß.

Die Liebe die Ihr ihnen gebt,

Ist die Nahrung, von der Ihr im Alter lebt.

39

Die Lebensrunde

Beim Lebensstart wirst Du gut begleitet,

es gibt nichts was Kummer dir bereitet.

Du wirst gestreichelt, wirst geherzt,

kein Schatten deine Seele schmerzt.

Wohlgemut, ohne Rast und Ruh,

steuerst Du der ersten Kurve zu.

Hürden, bewusst Dir aufgestellt,

formen dich für den Lauf der Welt.

Die Gegengerade kommt in Sicht,

sich zu bewähren, ist nun Pflicht.

Ein langer Weg liegt jetzt vor Dir,

ständig verändert sich das Hier.

Übst Dich im Hoch- Weit- und Seitensprung

Und glaubst auf ewig bleibst du jung.

Wenn Ältere du überholst,

ob ihrer Langsamkeit du grollst.

Der Sturm und Drang hat Dich im Griff,

bist gern auf sturmgepeitschtem Schiff.

Sichtbar, die zweite Kurve naht,

das Tempo drosseln - ist doch fad!

Kräftig in die Hände gespuckt,

toll, wie Dir das Fell jetzt juckt.

Du denkst nun wärst Du im Zenit

Und glaubst Du kämst mit allen mit.

Dein Atem wird ein wenig stockend,

Geschwindigkeit, nicht mehr verlockend.

Du wirst geschätzt, Du wirst geachtet,

von Neidern nur, wirst Du verachtet.

So ziehst Du weiter Deine Bahn,

glaubst, dass niemand Dich erreichen kann.

Plötzlich durchzuckt Dich jäher Schmerz,

zum ersten Mal fühlst Du Dein Herz.

Schmerzlich denkst Du: „Ach, wie schad"!

Dir wird bewusst, die Zielgerade naht.

Du merkst, dass Andere Dich umrunden,

und wie sie wuchern, mit ihren Pfunden.

Ein Gefühl der Wehmut Dich beschleicht,

und weißt, Du hast doch viel erreicht.

Demütig die Zielgerade Du betrittst,

spürst, dass Du jetzt nicht mehr flitzt.

Das Ziel, ganz leicht im Nebel liegt,

es tut Dir kund, dass Du besiegt.

Hoffst auf Betreuung wie beim Start,

auch dass der Sieg nicht gar zu hart

und Du mit zärtlich, sanftem Stoß,

heimkehrst dann, in Gottes Schoß!

Auferstanden

Auferstanden

Den Flügelstaub, den ich verloren,
ich hab ihn wieder angesetzt.
Fühl wieder Kraft in allen Poren,
bin fast wie früher nun, im Jetzt.

Die Flügel sind noch leicht verknittert,
doch sind sie keineswegs mehr lahm,
ich bin mitnichten mehr verbittert,
doch wurde ich ein wenig zahm.

Ich schwing mich auf zu neuen Höhen
und wiege mich im Sonnenlicht,
noch manchen Gipfel will ich sehen,
die Tiefen, nein, ich fürcht' sie nicht.

So flattre ich fröhlich durch die Welt,
weiß, nichts kann mich mehr erschrecken,
die Seele bindet weder Gut noch Geld,
nach Lieb' allein will sie sich recken.

41

Glück

Glück

Um dem Glücke zu begegnen
muss es keine Goldstücke regnen.
Auch muss nicht immer Honig fließen,
willst das Leben Du genießen.

Nimm das Schöne, das Dich umgibt,
liebe dein Leben, sei immer verliebt.
Die Zeit mit Riesenschritten vergeht,
um Freude zu schaffen ist's nie zu spät.

Sei immer offen für jegliche Freude,
denk nicht an morgen, genieße das Heute.
Bereit zu sein, darauf kommt es an,
dann kommt das Glück an Dich heran.

Ans Schöne denke nur zurück
und es ist das höchste Glück,
wenn Du jemand gefunden hast,
der spiegelbildlich zu Dir passt.

Mittelalter

Mittelalter

Noch glatt ist das Gesicht.

Die Haare noch nicht licht.

Die Nase tropft noch nicht.

Die Blase ist noch dicht.

Das Knie nur selten sticht.

Nur wenig dich anficht.

Die Jugend sich noch zeigt.

Man sich vor dir verneigt.

Der Blutdruck manchmal steigt.

Nur wenig man vergeigt.

Man hat schon viel erreicht.

Das Leben fühlt sich leicht.

Denkst nur an gute Sachen.

Man lässt es oft noch krachen.

Kann über Vieles lachen.

Um das auch weiterhin zu machen,

soll man die Glut stets neu entfachen.

43

Das Leben

Das Leben

Das Leben gleicht dem Schein der Kerze.

Es strahlt mit funkelnd warmem Schein.

Solange man macht weit das Herze

Und froh die Sonne lässt hinein.

Die Freude ist die Nahrung

Mit der gespeist das Leben wird

Bring es dir in Erfahrung

Sei ihm ein guter Hirt.

Bewahre es vor Stürmen

Auf dass es nicht erlischt

Wenn Wolken sich auftürmen

Mach, dass sie weggewischt.

Wird mühsam dann der warme Schein

Und stellt sich gar ein flackern ein,

Dann achte, dass am Docht die Glut

So lang wie möglich glimmen tut.

Und wenn sie dann am End erlischt,

Der Rauch sich mit der Luft vermischt,

Siehst Du noch lange seine Zeichen,

Weißt, ganz wird die Seele niemals weichen.

Ostern

Die Osterbrunnen sind geschmückt.

Natur trägt Frühlingskleid.

Die warme Sonne uns beglückt,

die Festtagslaune steigt.

Ein blaues Ei beleidigt ist,

weil es nicht rot geworden,

ein anderes ganz eitel spricht:

„Für mein Orange könnte ich morden!"

Ein Hase schlackert mit den Ohren,

sucht nach den Eiern, die er verloren.

Verzweifelt hoppelt er hin und her,

doch alle Nester sind schon leer.

Die Osterglocken läuten laut,

weil ein Fuchs frech aus dem Bau rausschaut.

Schlüsselblumen sich huldvoll neigen,

dem Hasen ihre Ehrerbietung zeigen.

Der Hahn sich auf die Henne stürzt,

mit stolz geschwelltem Kamm,

„Du wirst um deinen Kopf gekürzt,“

kräht er, „wenn du weiterhin so lahm!“

Die Henne schreit und gackert laut,

sie möchte so gerne nur ruh'n,

doch sie gibt nach, weil ein Ei sich staut,

und lässt den Gockel tun.

Wenn er getan, was ihr gefiel,

wenn beide fröhlich blicken,

dann wissen wir, dass bald geschlüpft

die wunderschönen Küken.

45

Alt

Alt

Das Alter einzuordnen fällt oft sehr schwer.

Ist Dein Akku noch voll oder ist er schon leer?

Hast Du ihn gepflegt, oder Raubbau betrieben,

was ist von Deinem Elan noch übrig geblieben?

Spürst Du, dass Dein Temperament

Immer noch lodernd in Dir brennt?

Schwingt noch die Melodie in Dir,

nahmst Du Dein Früher mit ins Hier?

Kannst Du immer noch aufrecht gehen,

kannst Du noch in den Spiegel sehen?

Halte die Seele im Gleichgewicht,

behalte Dein fröhliches Gesicht!

Süße Früchte trage Dein Lebensbaum.

Erfülle Dir noch manchen Traum!

Treibt Dein Baum noch immer Blüten,

jede, einzeln, musst Du hüten!

Innere Melodie

Innere Melodie

Den Rhythmus, der stets in uns schwingt,
bekommt man im Mutterleib, als Kind.
Unserer Mutter Herzensschlag,
gab den Takt bei Nacht und Tag.
Ihre Liebe, Ruhe und Zuversicht,
hielt unsere Klangwelt im Gleichgewicht.

Die Natur, das ewige Genie,
gab jedem seine eigene Sinfonie.
Diese macht uns Menschen reich,
wir sind Interpret und Dirigent zugleich.
Die Ausgeprägtheit des Gefühls,
bestimmt die Variationen unseres Spiels.

Fortissimo, furioso, presto und staccato,
Wechseln mit piano, espressivo und legato.
Spiel die Sinfonie mit Inbrunst, voll Harmonie,
dann erhält deine Seele Kraft, Ruhe und Poesie.

Das letzte Lied sein nicht zu harsch,
leicht soll's tönen, nicht als Trauermarsch.
Sanft, ruhig, leise, doch beschwingt,
damit es mit Leichtigkeit und frohen Mut's
uns hoheitsvoll ins Jenseits bringt.

Trost

Trost

Das Haar wird schütter,

der Kopf wird kahl,

das ist zwar bitter,

doch keine Qual;

denn lieber Freund sei unverdrossen,

dir bleiben ja noch:

„Warzen, Leberflecken und Sommersprossen!"

48

Die Zeit

Die Zeit

Die Zeit kann man nicht halten,

man kann sie nur verwalten

Betrachte sie als ein Geschenk

bewusst zu leben, daran denk!

Solang man jung und voller Schwung,

die Wertschätzung sie nicht genießt

man wird im Alter erst bewusst

wie man betroffen vom Verlust.

Man spürt ganz deutlich ihr Verrinnen,

man nimmt es wahr mit allen Sinnen.

Sich einzurichten in der Zeit

verlangt Geduld und Beharrlichkeit.

Mit dem Dasein wurde man reich beschenkt,

dankbar man seines Lebens gedenkt.

Doch ohne Wehmut oder Traurigkeit;

denn alles gehört nun mal der Zeit!

49

Abschied

Abschied

Wenn dich verlässt die Lebensfreude,

dann wird zu gestern bald das heute.

Das morgen dich erschaudern lässt,

du weißt, jetzt kommt des Lebens Rest.

Dein Herz öffne nun ganz weit,

der Tod kann kommen, du bist bereit.

Betrachte ihn als deinen Freund,

weil die Natur es gut mit dir meint.

Den letzten Atem wirst du verhauchen

und damit in die Ewigkeit tauchen.

Du spürst wie dich das Licht empfängt,

im Paradies dich nichts mehr kränkt.

Danke

Danke

Danke dem Geschick

das auf die Welt mich gebracht,

dass es jemand gibt,

der mit mir weint, mit mir lacht.

Danke für das Licht in meinem Leben,

das die Vorsehung mir hat gegeben.

Danke für Sonne, Mond und Sterne

Danke fürs Hiersein, für Nähe und Ferne.

Danke für alles was ich darf sehen,

Danke für alles was noch wird geschehen.

Dankend fürs Leben will mein Gesicht ich erheben!